Lila Lockenkopf
Sofie Capasso

AF284593

Sofie Capasso, Illustrationen Ursula Kaus

Lila Lockenkopf!

Alle Geschichten und mehr in

einem Band

Bibliografische Information der deutschen Nationalbibliothek: Die Deutsche Nationalbibliothek verzeichnet
diese Publikation in der Deutschen Nationalbibliografie;
detaillierte bibliografische Daten sind im Internet über:
http://dnb.dnb.de abrufbar.

ISBN 9783755753292
© 2017 Sofie Capasso
© 2022 überarbeitete Neuauflage
Covergestaltung: TomJay – bookcover4everyone /
www.tomjay.de
Layout: Manuela Wirtz, Schüller
Herstellung und Verlag: BoD - Books on
Demand, Norderstedt

Für meine Kinder Angelina, Fabio und
Leandro, die mich inspiriert haben.
Für meinen Mann, und alle die mir geholfen
und mich unterstützt haben.

DANKE!

Endlich Geburtstag!

Verschlafen blinzelt Lila in das flackernde Licht neben ihrem Bett.
Es riecht lecker, nach Schokoladenkuchen.
Etwas verwirrt schaut Lila in die Gesichter von Mama und Papa. Mit einem breiten Lächeln fangen die beiden an zu singen:
„Zum Geburtstag viel Glück, zum Geburtstag viel Glück, zum Geburtstag, liebe Lila, zum Geburtstag viel Glück".
Lila wird heute drei Jahre.
Seit Tagen war sie ganz ungeduldig, und jetzt freut sie sich das es endlich soweit ist. Das flackernde Licht sind die Kerzen auf dem Geburtstagskuchen. Auf einmal ist Lila hellwach und hüpft aus dem Bett direkt in Papas Arme. „Papi, wo sind meine Geschenke?", flötet sie fröhlich, klettert von seinem Arm und düst ins Esszimmer.
Auf dem Esstisch stehen ein Tablett mit Muffins mit rosa Zuckerguss und drei bunt verpackte Geschenke.
Lila klettert auf einen Stuhl und angelt nach dem ersten Geschenk.

Papa holt die Videokamera hervor und beginnt zu filmen. Voller Erwartung reißt Lila das Papier auf, und zum Vorschein kommt ein rosa Fahrradhelm mit Elfen darauf. Dann öffnet sie das nächste Päckchen.
Lila ist gerade dabei, ihr drittes Geschenk auszupacken, als es hinter ihr „ring, ring" macht und sie sich erschrocken umdreht.

Da kommt Papa ins Wohnzimmer und schiebt ein kleines, rosa Mädchenfahrrad mit Stützrädern herein. Lila hüpft begeistert vom Stuhl und möchte am liebsten gleich losfahren, eine Runde durch das Wohnzimmer. Mama und Papa lachen über das fröhliche Gesicht ihrer kleinen Tochter. „Lila, pack' doch erst mal dein letztes Geschenk aus, dann frühstücken wir und dann können wir raus gehen und dein Fahrrad ausprobieren. Heute Nachmittag kommen Oma und Opa, Tante Klara, Onkel Emil und deine Cousine Tina zu Besuch", sagt Mama und zieht Lila auf ihren Schoß.
Lila angelt nach dem Geschenk und beginnt es auszupacken. Es ist ein Fahrradsitz für

ihre neue Puppe. Lila strahlt. Jetzt ist sie
perfekt ausgestattet für ihre erste Fahrrad-
tour.

„Lila", fragt Papa, „wie soll denn deine neue
Puppe jetzt heißen?" „Hanna", sagt Lila und
nimmt ihre neue Freundin in den Arm. Ein
paar von Lilas blonden Locken fallen ihr ins
Gesicht und Mama schiebt die Strähnen

hinter Lilas kleines Knickohr.

„Mama, darf ich zum Frühstück Schokoladenkuchen essen?", fragt sie, und Mama
nickt. „Ausnahmsweise. "Geburtstag zu
haben ist toll, denkt Lila, normalerweise darf
sie keine Schokolade zum Frühstück essen.
„Aber erst musst du die Kerzen ausblasen".
Auf dem Schokoladenkuchen hat Mama mit
bunten Schokodrops eine Drei gelegt und drei
brennende Kerzen sind darauf.
Lila holt tief Luft und pustet los. Nach vier-
mal Pusten hat sie es geschafft und die
Kerzen sind erloschen.
Papa geht in die Küche und holt Geschirr und
Besteck.
Lila rutscht von Mamas Schoß, in letzter
Zeit hat sie immer weniger Platz dort, weil
Mamas Bauch so dick geworden ist. Mama
sagt, dass da ihr kleiner Bruder drin ist.
Mama steht ebenfalls auf und Lila klettert
auf ihren Kinderstuhl und nimmt ihre neue
Freundin Hannah auf den Schoss. Sie schaut
aus dem Fenster, es regnet nicht und der
Tag sieht freundlich aus. Mama kommt wie-
der und hat einen Becher Kakao für Lila und

eine Kanne Kaffee für Mama und Papa in der Hand.

Ein paar Minuten später sitzen alle gemeinsam am Tisch und frühstücken. Lila pult zuerst die bunten Schokodrops vom Kuchen und beginnt dann den Schokoladenguss abzuknabbern.

Als Lila mit ihrem Kuchen fertig ist, ist ihr kleines Gesicht über und über mit Schokolade verschmiert, und Papa holt den Fotoapparat und macht ein Bild.

Danach schnappt Mama sich Lila und sie gehen ins Bad. Lila wäscht sich das Gesicht, das kann sie schon allein, und Mama hilft ihr beim Zähneputzen.

Frisch gewaschen zieht Lila ihr Lieblingskleidchen an und Mama macht ihr Zöpfe mit rosa Schleifchen darin.

Als sie fertig sind, ziehen alle sich ihre Jacken und Mützen an, nehmen Lilas neues Fahrrad und gehen auf den Hof.

Es ist noch etwas wackelig auf dem Fahrrad, aber nach ein paar Versuchen fährt Lila schon ein ganzes Stück allein. Mama filmt alles mit der Videokamera. Nach einer halben

Stunde hat Lila fürs Erste genug, sie will
wieder rein und mit Hannah spielen.
Lila hat noch mehr Puppen, und denen will sie
Hannah natürlich vorstellen.
Den ganzen Vormittag klingelt immer wieder
das Telefon und alle möglichen Leute wollen
Lila gratulieren. Lila ist ein bisschen genervt,

sie mag nicht dauernd telefonieren.

Um 12 Uhr kommt Mama in Lilas Zimmer.

„Lila, Mittagessen ist fertig.

Es gibt Spaghetti, die magst
du doch so gern", sagt Mama. „Jaaaa, Spa-
ghettiiiii", ruft Lila und flitzt ins Esszimmer.
Papa bindet ihr ein Lätzchen um, damit
ihr schönes Kleid nicht mit Tomatensoße
bekleckst wird. Etwas mürrisch lässt Lila
es geschehen, normalerweise braucht Lila
nämlich kein Lätzchen mehr, das ist was für
Babys.

Nach dem Mittagessen muss Lila gähnen.

„Lila-Maus, wie wäre es mit einem kleinen
Mittagsschläfchen? Heute Nachmittag
kommt noch viel Besuch und da wäre es
schade, wenn du so müde bist", sagt Papa.
Lila überlegt, Mittagsschlaf ist nämlich auch
etwas für Babys. Aber sie ist wirklich müde
und deshalb lässt sie sich von Papa in ihr
Bettchen tragen.

Nach zwei Stunden kommt Mama in Lilas
Zimmer und streichelt ihr über das Gesicht.

„Lila-Maus, aufwachen, Oma und Opa sind
schon da", sagt sie leise.

Lila gähnt und streckt sich. Eigentlich will
Sie gar nicht aus ihrem schönen warmen
Bettchen raus. Aber Oma und Opa will sie
doch sehen, und dann fällt ihr ein, dass sie ja
bestimmt auch Geschenke dabei haben. Hellwach hüpft sie aus dem Bett und will sofort
ins Wohnzimmer stürmen, aber Mama hält
sie fest. Ihre Zöpfe sind vom Schlafen ganz
zerzaust und Mama bindet sie schnell neu.
Lila quengelt ungeduldig. Dann kann sie endlich los.

Im Wohnzimmer sitzen Oma und Opa am
Tisch und strahlen Lila an, als sie herein
kommt. Als sie geschlafen hat, haben Mama
und Papa das Wohn- und Esszimmer deko-
riert, überall hängen Luftballons und Luft-
schlangen. Der Esstisch ist schön gedeckt
und darauf stehen der Schokoladenkuchen,
die Muffins und ein Apfelkuchen, den Oma
gebacken hat. Oma und Opa haben beide ein
Geschenk auf dem Schoss.

Lila flitzt zuerst zu Oma. „Alles Gute zum
Geburtstag, mein Schatz", sagt Oma, gibt
Lila einen dicken Kuss auf die Wange und
überreicht ihr das Geschenk. Lila reißt es

sofort auf und zum Vorschein kommt ein kleiner, rosa Rucksack. „Der ist für den Kindergarten", sagt Oma, „da kannst du dann immer dein Frühstück rein packen."

Toll, denkt Lila, und ihr fällt ein, dass ja morgen auch ein besonderer Tag ist, ihr erster Kindergartentag nämlich.

„Danke, liebe Omi", sagt sie fröhlich und hüpft weiter zu Opa. „Herzlichen Glückwunsch, Kleines", brummt Opa mit seiner tiefen, warmen Stimme und reicht Lila das Geschenk. Nachdem Lila das Papier abgerissen hat, hält sie eine rosa Brotdose und die dazu passende rosa Trinkflasche mit Elfen darauf in der Hand. „Ich liebe Rosa", sagt Lila. „Die sind auch für den Kindergarten", sagt Opa. „Freust du dich schon auf morgen?"

„Ja", sagt Lila, schnappt sich den Rucksack und steckt Brotdose und Flasche hinein. Es klingelt noch ein paar Mal an diesem Nachmittag und es kommen noch Onkel, Tante, Cousine, Patentante und zwei Freundinnen von Lila, Emma und Lotta, mit ihren Mamas vorbei. Lila bekommt noch ein Memory-Spiel, ein rosa Stoff-Einhorn, ein Malbuch, ein Geschichtenbuch, Wachsmalstifte und etwas Kleidung geschenkt.

Es wird noch viel Kuchen gegessen und fröhlich geredet und gespielt.

Am Abend bestellt Papa ausnahmsweise Pizza für alle, Lila liebt Pizza. Als alle genug Pizza gegessen haben, verabschieden sich die Gäste einer nach dem anderen. Mama fängt ein bisschen an aufzuräumen und Papa trägt Lila ins Bad, sie ist furchtbar müde nach diesem ereignisreichen Tag. Als Lila ihren Schlafanzug angezogen und ihre Zähne geputzt hat, kuschelt sie sich zusammen mit Mama in ihr Bett. Mama liest ihr noch eine Geschichte aus ihrem neuen Buch vor und dann kommt Papa ins Zimmer, um Lila gute Nacht zu sagen. „Das war ein schöner Tag", sagt Lila und gähnt. Mama gibt ihr einen Kuss. „Morgen wird auch ein spannender Tag, dein erster Tag im Kindergarten", sagt sie. Lila nimmt ihr Schmusetuch und kuschelt sich in ihr Kissen. Mama und Papa löschen das Licht und gehen leise hinaus.

Der erste Tag im Kindergarten

„Lila, aufwachen", sagt Mama und streichelt ihr über die Wange. Lila brummelt, denn sie ist eine kleine Langschläferin. „Lila, heute ist dein großer Tag, der erste Kindergarten-tag", flüstert Mama ihr ins Ohr. Lila schlägt die Augen auf, gähnt und streckt sich. Der erste Kindergartentag, denkt Lila, da hatte sie sich schon lange drauf gefreut. Ihre beste Freundin Emma geht schon seit zwei Mona-ten in den Kindergarten und Lila kommt zu ihr in die Gruppe, die Sonnenblumen-Gruppe. In der vergangenen Woche durfte Lila schon zwei Schnuppertage im Kindergarten verbrin-gen. Heute bleibt Mama noch einen Moment dabei, geht dann aber nach Hause.
Noch verschlafen, aber sehr neugierig auf den Tag, klettert Lila aus dem Bett. Sie läuft ins Bad und Mama geht ihr hinterher.
Für diesen besonderen Tag hat Mama Lilas Lieblingsrock aus dem Schrank geholt. Lila wäscht sich, putzt sich die Zähne, lässt sich beim Anziehen helfen und die Haare binden. Gefrühstückt wird erst im Kindergarten.

Als Lila fertig ist, geht sie ins Wohnzimmer. Papa ist schon zur Arbeit gefahren. Auf dem Esstisch steht der neue Rucksack, den sie zum Geburtstag bekommen hat, und daneben liegt eine kleine Schultüte. Die durfte Lila sich aussuchen, als sie an den Schnuppertagen im Kindergarten war. Die Kinder, die im Sommer in die Schule gekommen waren, hatten die Schultüten für die neuen Kindergartenkinder gebastelt. Lila klettert auf einen Stuhl. Die Schultüte ist gut gefüllt, aber Lila kann nicht hineinsehen, weil sie oben zugebunden ist. „Das ist eine Überraschung", sagt Mama. Lila öffnet ihren neuen Rucksack und sieht hinein. Sie sieht die neue Trinkflasche und die Brot Dose. Sie nimmt die Dose heraus und öffnet sie. Ein kleiner Kinderjoghurt und ein Salamibrot sind darin. Lila mag Salamibrote. Bevor es losgeht, holt Lila noch ihre kleine Kuschelmaus, die soll sie heute begleiten.

Mama und Lila ziehen ihre Jacken an und machen sich auf den Weg.

Im Kindergarten angekommen, wird Lila gleich von einer netten jungen Frau begrüßt, die

Christiane heißt. Lila hat sie schon an den
Schnuppertagen kennen gelernt.
„Guten Morgen, Lila, schön dass du da bist,
die anderen Kinder freuen sich schon auf
dich", sagt Christiane freundlich.
An den Schnuppertagen durfte Lila sich
einen Haken im Flur aussuchen, an dem in

Zukunft ihre Jacke hängen wird und unter dem ihre Schuhe stehen werden.

Sie hat sich für den Haken entschieden, über dem ein Bild von einem Pferd abgebildet ist. Zu diesem Haken gehen sie nun hin und Lila hängt ihre Jacke dort auf und zieht die neuen Hausschuhe an, die Mama in einer Tasche mitgebracht hat. Mit den neuen Hausschuhen an den Füßen lässt sich Lila von Christiane in den Gruppenraum führen. Etwas ängstlich dreht Lila sich um, aber Mama ist noch da. Im Gruppenraum ist mords was los. Einige Kinder sitzen um einen kleinen runden Tisch und malen, andere spielen in einer Ecke mit Bauklötzen und wieder andere sitzen zusammen mit einem etwas älteren Mann auf einem gemütlichen, alten Sofa und lesen Bücher. Lila erkennt Emma, die dem Mann aufmerksam beim Vorlesen zuhört. Der Mann, das ist Friedrich, den hat Lila auch schon kennen gelernt. Christiane und Friedrich betreuen gemeinsam die Kinder aus der Sonnenblumen-Gruppe.

Emma schaut auf, entdeckt Lila und flitzt auf sie zu. „Hallo, Lila". Ein anderes Mädchen kommt dazu, Lila erinnert sich, dass es Sarah heißt. Christiane schaut Lila an und fragt: "Möchtest du vielleicht erst mal zusammen mit Emma und Sarah frühstücken? Danach machen wir einen Stuhlkreis und dann gehen wir in den Turnraum."

Lila nickt etwas verlegen und schaut sich wieder nach Mama um, die ihr aufmunternd zulächelt. Lila, Emma und Sarah folgen Christiane in den Essensraum. Überall stehen kleine runde Tische mit kleinen Stühlen drum herum. Emma und Sarah laufen zu einem Tisch am Fenster und Lila, Christiane und Mama folgen ihnen. Alle setzen sich an einen Tisch.

Mama und Christiane sehen lustig aus, so groß auf so kleinen Stühlen.

Die Mädchen packen ihr Frühstück aus und Sarah fängt fröhlich an zu erzählen von ihren Zwergkaninchen, die jetzt Babys bekommen haben.

Lila erzählt, dass ihre Mama auch bald ein Baby bekommt und dass deshalb ihr Bauch so dick ist. Christiane fragt Lila, ob sie sich auf ihr Geschwisterchen freut, und ja, Lila

freut sich. Babys sind doch so niedlich.
Nach dem Frühstück verabschiedet sich
Mama von Lila. Lila muss schwer schlucken,
als sie Mama zusammen mit Christiane
und Emma zur Tür bringt, ein kleines Trän-
chen rinnt über ihre Wange und sie drückt
ihre Kuschelmaus ganz fest. Mama nimmt
Lila feste in den Arm. „Ich hole dich nachher
wieder ab, mein Schatz, und bis dahin hast
du ganz viel Spaß mit den Kindern aus deiner Gruppe. Ich hab dich lieb", sagt sie und
gibt Lila einen Kuss. Emma nimmt Lila an der
Hand, das ist tröstlich. Lila ist froh, dass
Emma da ist. Zurück im Gruppenraum ruft

Christiane alle Sonnenblumen-Kinder zusammen, und sie setzen sich in den Stuhlkreis.
Anfangs singen alle Kinder für Lila das Lied „Halli hallo, wie schön, dass Du da bist". Dann darf Lila ihre kleine Schultüte öffnen, es sind lauter Traubenzucker-Lollies darin. Lila läuft von Kind zu Kind und jedes darf sich einen Lolli nehmen.
So langsam löst sich der Klos in Lilas Hals und sie kann wieder lächeln.

Nach dem Stuhlkreis gehen alle Sonnenblumen-Kinder in den Turnraum. Beim Kennenlern-Nachmittag für die neuen Kinder und Eltern wollen die Kinder etwas aufführen, und das muss noch geprobt werden.
Lila soll auch mit machen, aber sie traut sich noch nicht. Nach den Proben dürfen die Kinder machen, was sie möchten.
Lila und Emma malen zuerst
mit anderen Kindern ein großes Bild, dann nimmt Emma Lila mit in den Gruppenraum in die Puppenecke.
Da gibt es einige Puppen und ein Puppenbett und viele Sachen zum Anziehen. Neben der

Puppenecke ist die Spielküche und so spielen die beiden Familie. Lila ist die Mama und Emma der Papa. Mama Lila kümmert sich um das Baby, während Papa Emma das Mittagessen kocht.

Die zwei spielen eine ganze Weile und die Zeit vergeht sehr schnell.

Und dann ist auf einmal Abholzeit und alle Kinder gehen in den Flur zu ihren Haken, um sich die Schuhe anzuziehen. Lila ist gerade fertig, da sieht sie Mama kommen.

Glücklich rennt sie in ihre Arme.

„Na, mein Schatz, hattest du Spaß?", fragt Mama. „Ja, Mama, darf ich morgen wieder in den Kindergarten gehen?"

„Ab heute gehst du jeden Tag in den Kindergarten", sagt Mama und gibt Lila einen Kuss.

Plötzlich große Schwester!

Nachdem Lila nun schon seit zwei Wochen in den Kindergarten geht und jeden Tag von Mama abgeholt wird, steht heute plötzlich Oma vor ihr.

„Hallo, Lila, mein Schatz, dein kleiner Bruder Nino ist heute geboren worden. Mama und Papa sind im Krankenhaus. Wir beide fahren jetzt auch dorthin und dann kannst du dein Brüderchen sehen."

Lila erinnert sich, dass Mama ihr erzählt hatte, dass Oma sie abholen würde, wenn ihr Brüderchen aus Mamas Bauch kommen will, und dass das nun jeden Tag so weit sein könne.

Auf dem Weg ins Krankenhaus ist Lila ganz aufgeregt. Wie wird Nino wohl aussehen? Eigentlich wollte Lila ja eine Schwester haben. Am Krankenhaus angekommen, müssen Lila und Oma erst einmal mit dem Aufzug in den dritten Stock fahren. Lila ist das erste Mal in einem Krankenhaus, die Flure sind hell und lang. Am Ende eines Flures bleibt Oma vor der vorletzten Türe stehen und klopft. „Herein", ertönt Papas Stimme, und Oma öffnet die Tür.

Das Zimmer ist nicht sehr groß und es stehen zwei Betten darin. Das erste Bett ist leer und in dem zweiten am Fenster liegt Mama und hält ein kleines Bündel im Arm. Lila ist unsicher, irgendwie hat sie ein komisches Gefühl im Bauch. Aber Mama strahlt. „Lila, Schatz, komm her zu mir", sagt sie und streckt eine Hand nach ihr aus. Papa sieht ebenfalls glücklich aus und läuft auf Lila zu. „Hallo, mein Schatz, komm mal her." Papa nimmt Lila auf den Arm und läuft zu Mamas Bett.

Oma ist ganz still und geht mit an Mamas Bett. Papa beugt sich leicht vor und jetzt kann Lila ihren kleinen Bruder genau sehen. Ein kleines, verknautschtes Gesicht mit blauen Knopfaugen und schwarzen Haaren schaut sie an.

Lila streckt eine Hand nach Ninos winzig kleinen Händchen aus und berührt sie. Das ist jetzt also ihr kleiner Bruder. Lila kann irgendwie gar nichts sagen. Mama rutscht in ihrem Bett etwas zur Seite und Papa setzt Lila neben sie.

„Möchtest du Nino mal halten?", fragt
Mama, und Lila nickt. Vorsichtig legt Mama
das kleine Bündel auf Lilas Schoss und
Nino gibt ein leises Grunzen von sich. Er ist
inzwischen eingeschlafen und die Augen sind
geschlossen.

„Mama, nehmen wir Nino mit nach Hause?",
fragt Lila. „Ja", sagt Mama. „Für immer?",
fragt Lila. „Ja", sagt Mama wieder und lacht.
Lila muss plötzlich ein bisschen weinen, sie
weiß auch nicht genau, warum. Papa nimmt
ihr vorsichtig den kleinen Nino vom Schoß
und Mama nimmt Lila in den Arm und drückt

sie fest an sich. „Nino ist jetzt dein kleiner Bruder und unser Kind, genauso wie du", sagt Mama und gibt Lila einen Kuss.
„Ich werde in Zukunft nicht mehr ganz so viel Zeit nur für dich haben, aber deswegen habe ich dich immer noch genauso lieb wie vorher."

Ein paar Tage bleiben Mama und Nino noch im Krankenhaus, doch dann kommen sie nach Hause. Ganz viele Leute kommen in den nächsten Tagen zu Besuch und bringen Geschenke mit. Manchmal ist auch eine Kleinigkeit für Lila dabei, dann freut sie sich. Irgendwie ist das nämlich ganz schön blöd, dass alle nur noch nach Nino gucken. Immer heißt es. „Ach, ist der niedlich" und „Ganz der Papa". Es hat sich vieles verändert, zum Beispiel bringt jetzt immer Papa Lila ins Bett, weil Mama Nino in dieser Zeit immer stillt. Stillen heißt, dass Nino aus Mamas Brust trinkt, und das tut er ziemlich oft, findet Lila. Es bleiben aber trotzdem immer noch Momente für Lila und Mama allein, dann nämlich, wenn Nino schläft, und das tut er auch ziemlich viel. Dann setzen sich Mama und Lila aufs Sofa und kuscheln oder lesen ein Buch.

Manchmal hilft Lila Mama auch dabei, Nino zu versorgen, sie schaut beim Wickeln zu und zieht ihm die Söckchen an oder gibt ihm seinen Schnuller, wenn er müde ist und quengelt. Manchmal lächelt der kleine Nino seine Schwester an und dann findet Lila ihn richtig süß. Wenn Mama und Lila mit Nino im Wagen spazieren gehen, darf Lila auch manchmal schieben.

Mama sagt auch ganz oft, dass sie ganz stolz auf ihre große Tochter ist, die schon so toll helfen kann. Wenn man sich erst einmal daran gewöhnt hat, dann kann es auch richtig schön sein, eine große Schwester zu sein, findet Lila.

Es weihnachtet sehr

Es sind wieder ein paar Wochen vergangen und die erste Kerze brennt schon auf dem Adventskranz, was bedeutet, dass sehr bald Weihnachten ist. Lila hat von Mama und Papa einen Adventskalender bekommen, an dem sie jeden Morgen ein Türchen öffnen darf. Manchmal sind Süßigkeiten darin, manchmal aber auch kleine Spielsachen.
Lila freut sich jeden Tag darauf, ihr Türchen öffnen zu dürfen. Draußen ist es jetzt richtig kalt geworden und es hat auch schon geschneit. Lila war am Wochenende schon mit Papa Schlitten fahren und hat einen Schneemann gebaut.
Heute will Mama mit Lila einen Wunschzettel für den Weihnachtsmann schreiben.
Nach dem Kindergarten, als Nino schläft, setzt sie sich mit Lila an den Esstisch mit einem großen Bogen Papier und Buntstiften. Da Lila ja noch nicht schreiben kann, möchte sie dem Weihnachtsmann auf malen, was sie sich wünscht.
„So, meine Maus, dann setz dich mal zu mir",

sagt Mama und schiebt Lilas Stuhl etwas zurück, dass sie drauf klettern kann. Lila setzt sich und nimmt sich einen Stift. „Hast du dir überlegt, was du dir vom Weihnachtsmann wünschst?", fragt Mama und sieht Lila aufmerksam an. „Ich wünsche mir einen Fahrradhelm und einen Buggy für meine Hannah,

so einen wie Emma auch hat", sagt Lila und fängt an zu malen. Sie malt so gut sie kann einen Helm und einen Buggy, und damit der Weihnachtsmann das auch ganz sicher erkennt, schreibt Mama noch dazu, was es ist. Außerdem malen sie eine CD mit Kinderliedern darauf, die Lila zum Einschlafen hören kann, und ein paar andere Kleinigkeiten.

Lila möchte auch einen Wunschzettel für Nino malen, weil dieser das ja noch nicht selbst kann. Also malt sie noch einen Wunschzettel mit einer Rassel, einem Teddybär und einer Spieluhr.
Die beiden Wunschzettel steckt Lila dann in schöne Umschläge, die sie bemalt, und legt sie auf ihre Fensterbank, damit der Weihnachtsmann sie in der Nacht abholen kann.
Am nächsten Morgen sind die Umschläge tatsächlich verschwunden.
In den nächsten Tagen und Wochen fällt ganz viel Schnee. Mama und Lila dekorieren gemeinsam das Haus und machen alles schön weihnachtlich.
Papa bringt blinkende Lichter an den

Fenstern an und stellt einen beleuchteten Weihnachtsmann im Vorgarten auf.

An einem Sonntag, es ist der zweite Advent, backen Lila und Mama zusammen Plätzchen, und Papa kümmert sich um Nino.

Sie sind den ganzen Nachmittag damit beschäftigt, Teig auszurollen, Plätzchen zu formen und auszustechen, Butterplätzchen mit bunten Streuseln zu bestreuen und fertige Nussplätzchen in Schokoglasur zu tauchen. Als am Ende alle Plätzchen fertig sind, sieht die Küche aus wie ein Schlachtfeld, und als Mama Lila ansieht, muss sie herzhaft lachen. Lilas Gesicht ist über und über mit Mehl und Schokoglasur verschmiert.

Papa trägt Lila nach oben ins Bad und lässt ihr Badewasser ein. Nach einem ausgiebigen Bad kriecht Lila dann todmüde ins Bett und schläft ein.

Wieder einige Zeit später kommt Papa freitags morgens zu Lila ins Zimmer und fragt: „Lila, wollen wir zusammen einen Weihnachtsbaum kaufen gehen? In zwei Tagen ist

Heiligabend und dann stellen wir den Baum gemeinsam auf und schmücken ihn." Lila ist begeistert und will sofort los. Mama und Nino wollen auch mit und so zieht die ganze Familie los, um einen Weihnachtsbaum zu besorgen.

Sie kaufen einen schönen, großen Baum, den Papa erst einmal in den Garten stellt bis zum Morgen des Heiligen Abend. An diesem Morgen ist Lila schon sehr früh wach. Sie ist aufgeregt und gespannt, ob der Weihnachtsmann ihr auch die Geschenke bringt, die sie auf ihren Wunschzettel gemalt hat. Nach dem Frühstück holt Papa den Baum herein und stellt ihn im Wohnzimmer auf. Mama hat eine große Kiste aus dem Keller geholt, in der viele rote und blaue Kugeln, Sterne, Lametta und eine Lichterkette zu finden sind. Lila darf einige Kugeln und Lametta auf den unteren Ästen des Baumes verteilen, Papa übernimmt die oberen Äste.

Zum Schluss steckt Papa einen Stern oben auf die Spitze und bringt die Lichterkette an. Als er den Stecker in die Steckdose steckt und die kleinen Lämpchen anfangen zu

leuchten, schimmert der ganze Baum rot und blau. Lila ist begeistert! Sogar der kleine Nino macht große Augen auf
Mamas Arm.

Am Nachmittag kommen Oma und Opa. Oma und Mama sind in der Küche beschäftigt, und weil Lila so ungeduldig ist, gehen Opa und Papa mit Lila und Nino, dick eingepackt im Kinderwagen, spazieren. Es wird schon dunkel und in vielen Fenstern sieht man Weihnachtslichter leuchten und kann die Weihnachtsbäume stehen sehen. Lila gefällt das alles sehr.

Als sie wieder nach Hause kommen, ist der große Tisch im Esszimmer schon gedeckt, und Kerzen brennen. Es riecht sehr lecker und Lila merkt, dass sie ziemlich hungrig ist. Oma trägt gerade die Weihnachtsgans herein und stellt sie auf den Tisch. Alle setzen sich und fangen an zu essen.

Nach dem Essen räumen Mama und Opa den Tisch ab und Lila rutscht ungeduldig auf ihrem Stuhl herum. So langsam könnte der Weihnachtsmann die Geschenke aber mal gebracht haben, denkt sie sich und quengelt. Plötzlich hört sie ein Glöckchen und Papa steht grinsend in der Tür.

Lila springt auf und rennt zur Wohnzimmer-
türe, um sie zu öffnen.

Als die Tür auf geht, werden Lilas Augen
riesengroß und leuchten, unter dem Weihnachtsbaum liegen nämlich ganz viele
Geschenke. Es läuft leise Weihnachtsmusik
im Hintergrund und es brennen Kerzen überall.

Mama, Papa, Oma, Opa, alle kommen nun
ins Wohnzimmer und versammeln sich unter
dem Baum. Alle Päckchen sind mit Namen
versehen, und so nimmt Lila jedes Päckchen,
zeigt es Papa, damit er ihr sagen kann, wel-
cher Name darauf steht, und gibt es dann
der entsprechenden Person. Am Ende haben
eindeutig Lila und Nino die meisten Päckchen
bekommen und Lila macht sich strahlend
daran auszupacken. Überglücklich stellt sie
fest, dass der Weihnachtsmann wohl ihren
Wunschzettel bekommen hat, denn sie packt
erst den Fahrradhelm und dann den Buggy
aus, den sie sich gewünscht hat. Außerdem
eine neue CD mit Kinderliedern, ein Puzzle
mit Pferden darauf, ein Fädelspiel und ein

Schmuckkästchen mit einer Kette und dem dazu passenden Armband. Lauter Sachen, die kleine Mädchenherzen höher schlagen lassen!

Ninos Wunschzettel scheint auch angekommen zu sein, denn er kuschelt schon in seiner Babywippe mit seinem neuen Teddybär und lauscht seiner neuen Spieluhr. Mama, Papa, Oma und Opa haben ebenfalls ein paar schöne Sachen geschenkt bekommen und so sind alle noch eine ganze Weile mit ihren neuen Sachen beschäftigt. Als Lila mit ihrem Puzzle fertig ist, muss sie ganz viel gähnen, so müde ist sie. Nino ist bereits mit seinem Teddy eingeschlafen und auch Mama und Papa sehen müde aus. Also verabschieden Oma und Opa sich und Papa trägt Lila nach oben in ihr Zimmer. Als Lila umgezogen ist und im Bett liegt, kuschelt Papa sich noch zu ihr und liest eine Geschichte vor, eine Weihnachtsgeschichte. Aber noch bevor die Geschichte zu Ende ist, ist Lila eingeschlafen, so anstrengend war der Heiligabend.

Ferien am Strand

Einige Monate sind vergangen, der Winter ist vorbei und die Sonne scheint. Lila ist jetzt schon über ein halbes Jahr im Kindergarten und
kann inzwischen sogar ohne Stützräder Fahrrad fahren.

Der kleine Nino ist unheimlich gewachsen und kann jetzt alleine sitzen und krabbeln. Immer öfter krabbelt er Lila hinterher und klaut ihr ihre Spielsachen, was sie gar nicht lustig findet.

Die ersten Sommerferien im Kindergarten haben angefangen und Papa hat sich Urlaub genommen, damit die ganze Familie in den Urlaub fahren kann.

Es soll das erste Mal sein, dass Lila mit dem Flugzeug fliegen und mit einer Fähre fahren wird. Sie fliegen nämlich nach Italien, besser gesagt nach Neapel, und fahren von dort aus mit einer Fähre auf die Insel Ischia. Am Morgen der Abreise kommt Opa vorbei, um die kleine Familie zum Flughafen zu fahren. Am Flughafen angekommen, muss erst einmal das ganze Gepäck eingecheckt werden, was ziemlich lange dauert, sodass Lila schon sehr ungeduldig wird und quengelt. Danach müssen sie zum Gate laufen, auch wieder ein längerer Weg, und Lila ist sauer, weil Nino im Buggy sitzen darf und sie laufen muss. Sie hat ihre Puppe Hannah dabei und die ist ihr auch zu schwer. Lila ist genervt. Endlich sind sie am Gate angekommen und können sich im Wartebereich auf die Sofas setzen.

Mama gibt Lila eine Zeitung, damit sie etwas zu gucken hat. Nino ist eingeschlafen.

Endlich dürfen sie in das Flugzeug einsteigen. Lila darf am Fenster sitzen, Papa in der Mitte mit Nino auf dem Schoß und Mama sitzt am Gang.

Als das Flugzeug in die Luft steigt, wird Lila ganz komisch im Bauch und sie drückt Papas Hand ganz fest.

Nino nuckelt an seiner Flasche.

Der Flug vergeht recht schnell, weil Lila so viel zu gucken hat, und außerdem hat ihr die nette Stewardess Malsachen gegeben. Nino schläft die meiste Zeit. Beim Landen wird es Lila noch mal mulmig und dann sind sie in Neapel angekommen.

Vom Flughafen aus fahren sie mit dem Taxi zum Hafen von Neapel. Vom Hafen aus gehen sie auf die Fähre nach Ischia. Während der Überfahrt bleibt Lila mit Mama die ganze Zeit an der Reling stehen und sieht auf das Wasser und die vorbeiziehenden Boote und Inseln.

Das alles ist sehr spannend, so etwas gibt
es zu Hause nicht zu sehen.

Als es schon dunkel wird, kommen sie endlich
am Hafen von Ischia an. Das Hotel, in dem
Sie wohnen, ist ganz in der Nähe vom Hafen,
und direkt gegenüber liegt ein kleiner Strand.
Aber Lila ist von der Reise sehr müde und so
gehen sie noch etwas essen und dann alle
gemeinsam ins Bett.

Am nächsten Morgen ist Lila früh wach. Sie
hat zusammen mit Nino in einem separaten
Zimmer geschlafen und schleicht sich nun
ins Nebenzimmer zu Mama und Papa ins
Bett. Papa ist schon wach und duscht, also
kuschelt sie sich an Mama. Kurze Zeit später
ist auch Nino wach.

Lila sitzt auf dem Balkon und schaut auf den
Strand und das Wasser.

Noch nie hat sie so viel Sand und so viel Wasser auf einmal gesehen und sie kann es gar
nicht abwarten, endlich am Strand zu spielen. Als alle angezogen sind, gehen sie endlich
runter zum Frühstücken.

Nach dem Frühstück schlüpft Lila schnell
in ihren Badeanzug, wird von Mama mit

Sonnencreme eingeschmiert, und schon geht
es los an den Strand.

Der Sand ist ziemlich heiß an Lilas Füßen
und sie ist froh, dass sie Wasserschuhe
dabei hat, die sie anziehen kann.

Mama zieht Lila erst einmal ihre Schwimm-
flügel an und nimmt sie an die Hand.

Es gehen leichte Wellen und Lila traut sich
erst nicht ins Wasser. Es ist auch ganz
schön kalt, findet sie. Aber nach einer Weile, als sie sich an das kühle Wasser an den
Füßen gewöhnt hat, traut sie sich dann doch
zusammen mit Mama etwas weiter hinein.

Papa kommt mit Nino hinterher und hat ein

kleines Schlauchboot unter dem Arm. Nino
und Lila sitzen zusammen im Boot und Papa
schiebt sie durchs Wasser.
Später baut Lila zusammen mit Papa eine
Sandburg. Der Tag am Strand geht schnell
vorbei und ruckzuck ist es wieder Zeit, um
zum Abendessen ins Hotel zu gehen.

Lila ist auch schon müde von der Sonne und so liegt sie früh im Bett und schläft zufrieden ein.

So ein Tag am Meer macht Riesen Spaß.
Es folgen noch ein paar mehr Tage am Meer und auch ein paar Ausflüge mit Mama und Papa nach Neapel und in eine große Therme mit ganz vielen verschiedenen Schwimmbecken.

Am Strand hat Lila Tom kennen gelernt, der ist schon fünf und ebenfalls mit seinen Eltern im Urlaub. Mit Tom spielt Lila gerne und die beiden haben eine Menge Spaß im Wasser.
Lila genießt die Zeit sehr und ist ein bisschen traurig, als der Abreisetag gekommen ist.
An diesem Tag frühstücken Lila und Tom noch mal zusammen mit ihren Eltern im Hotel und dann werden sie vom Taxi abgeholt, das sie zur Fähre bringt. Bald sind sie am Flughafen und Lila freut sich schon aufs Fliegen. Aber dann ist sie so müde, dass sie einschläft und noch nicht einmal die Landung mitbekommt.

Als sie gelandet sind, warten Oma und Opa schon am Ausgang und sind

überglücklich, ihre kleine Lila und ihren kleinen Nino wieder
in die Arme schließen zu können. Lila ist auch froh, Oma und Opa zu sehen. Der Urlaub war toll, aber zu Hause ist es immer noch am schönsten, findet Lila.

Vier Jahre

Es ist der 31. Oktober und Lila ist wieder ein Jahr älter, denn heute ist ihr vierter Geburtstag.

Sie geht jetzt schon ein Jahr in den Kindergarten und hat viele neue Freunde gefunden. Ihr erster richtiger Kindergeburtstag steht vor der Tür und Lila ist schon sehr aufgeregt. Schon den ganzen Morgen hibbelt sie herum, dass ihre blonden Locken nur so fliegen.

Zwei große Geschenke stehen im Wohnzimmer für sie bereit als sie aufwacht und aus dem Zimmer gehüpft kommt.

Mama hat Schoko- und Vanille-Muffins für den Kindergarten gebacken, so wie Lila es sich gewünscht hatte. Im ganzen Haus riecht es danach. Außerdem hat Mama für die Geburtstagsparty zu Hause noch einen großen, runden Zebrakuchen gebacken.

Lila stürzt sich auf ihre Geschenke und ihr kleiner Bruder Nino, der gerade seine ersten wackeligen Schritte allein macht, fällt mit einem Plumps auf seinen Windelpo, als Lila etwas zu stürmisch an ihm vorbei rennt.

Sie ist ein richtiger kleiner Wirbelwind. Gott sei Dank ist Nino solche Attacken schon gewöhnt und deshalb fällt der Protest nur kurz aus.

Mama und Papa stehen schmunzelnd in der Tür und beobachteten ihre kleine, große Tochter dabei, wie sie ihr erstes Geschenk auspackt.

„Mama, Papa, ein Playmobil Puppenhaus, guckt mal", ruft Lila begeistert. Sie hat sich nämlich schon die ganze Zeit so ein Puppenhaus gewünscht.

Ihre Freundin Emma hat eines und sie spielen immer zusammen damit, wenn sie bei Emma ist.

Als sie das zweite Geschenk öffnet, kommt ein Puppenbett aus Holz für ihre Lieblingspuppe Hanna zum Vorschein.

Sie weiß, dass Papa das selber gebaut hat, und es ist sehr schön geworden.

„Toll, jetzt hat Hanna ein eigenes Bett, danke Papa!", ruft Lila fröhlich und hüpft ihrem Papa in die Arme.

Danach ist Mama mit Knuddeln dran und zuletzt bekommt auch ihr Bruder einen Kuss. Dann wird es Zeit, sich für den Kindergarten schick zu machen.

Fertig zurechtgemacht und mit Mama, Papa, Nino und den Muffins im Schlepptau, geht es dann in den Kindergarten.

Erst wird noch eine Weile gespielt und dann versammeln sich die Kinder zum Stuhlkreis. Ein Stuhl im Kreis ist bunt geschmückt, das ist der Geburtstagsstuhl und Lila darf sich darauf setzen. Eine selbst gebastelte Krone hat sie auch auf dem Kopf. Dann singen alle

Kinder „Wie schön, dass du geboren bist" für Lila.

Lila hatte sich gewünscht, dass Emma und Lara neben ihr sitzen und sie wollte gern das Spiel „Bello, Bello dein Knochen ist weg" spielen. Gesagt, getan!

Alle Kinder haben viel Spaß und am Ende bekommen alle noch einen Lolli von Lila ausgeteilt und es dürfen endlich die Muffins gegessen werden.

Als dann Abholzeit ist, sind alle Muffins verputzt, nicht ein einziger ist übrig geblieben! Mama und Papa holen Lila zur Feier des Tages gemeinsam ab, denn Papa hat sich extra Urlaub genommen.

Heute Nachmittag werden sie zu Hause noch ihren Geburtstag feiern und Lila hat dazu Emma, Lara, Lotta und die Zwillinge Ben und Lukas aus dem Kindergarten eingeladen. Bis sie kommen ist aber noch ein bisschen Zeit und das passt Lila gar nicht. Sie will, dass endlich alle ihre Freunde kommen, damit sie ihre Geschenke auspacken kann! Wenigstens kommen Oma und Opa zum Mittagessen vorbei und bringen auch Geschenke mit. Sie

bekommt einen tollen, neuen rosa Winter-
mantel, mit einem weißen Plüschrand an der
Kapuze.

Außerdem bekommt sie noch einen CD-Player
mit Kassettendeck für ihr Zimmer.

Das ist toll, denn ihr momentaner ist kaputt
und sie kann nur noch CDs hören und nicht
mehr ihre heiß geliebten Benjamin Blümchen
Kassetten.

Lila freut sich sehr und drückt Oma und Opa
ganz fest.

Zum Mittagessen hat Mama Lasagne
gemacht, die sehr lecker schmeckt.

Nach dem Essen ist immer noch ein bisschen
Zeit und Lila beschäftigt sich ein bisschen
mit ihrem neuen Puppenhaus, während Mama
den Esstisch schön deckt. Papa bereitet die
Spiele vor, die sie heute machen wollen, und
packt die kleinen Abschiedsgeschenke, die
Lila ihren Freunden am Ende ihrer Feier über-
reichen will.

Die Zeit vergeht Lila allerdings entschieden
zu langsam und sie kann sich etwas Gequen-
gel nicht mehr verkneifen.

Endlich klingelt es dann, und Emma steht

als erstes in der Tür. Nach und nach, treffen dann auch alle anderen Gäste ein. Lila bekommt viele tolle Geschenke, unter anderem ein Kindergarten-Freundebuch und ihre erste Barbie-Puppe. Lila hat vor Aufregung ganz rote Bäckchen, so sehr freut sie sich. Als alle Geschenke ausgepackt sind, nehmen alle am Kaffeetisch Platz und stürzten sich auf den Zebrakuchen. Sogar Nino darf sich in seinem Hochstuhl dazu setzen und sich an der Krümelschlacht beteiligen.

Als dann schließlich der Kuchenhunger gestillt ist, schlägt Papa vor, Topfschlagen

und Blinde Kuh zu spielen. Die Kinder sind
mit Feuereifer dabei. In der Zwischenzeit
wird Nino von Oma abeholt, damit Mama und
Papa ganz und gar für Lila da sein können.
Mama verwandelt den Kaffeetisch in einen
Basteltisch.

Nach den Spielen geht es dann also zum
Basteln. Jedes Kind darf sich eine, Bastel-
vorlage aussuchen und Mama und Papa
helfen dann bei der Umsetzung.

Lila entscheidet sich für einen Clown. Beim
Basteln vergeht die Zeit wie im Flug und
Mama bereitet schon das Abendessen vor.
Es gibt Hamburger und jedes Kind darf sich
seinen Burger selbst zusammenstellen.
Das macht allen großen Spaß.

Nach dem Abendessen sind alle schon recht
müde. Dann klingelt es auch schon und die
Kinder werden abgeholt.

Lila verteilt ihre kleinen Abschiedsgeschenke,
kleine Tütchen mit ein paar Bonbons, Sti-
ckern und Seifenblasen, und verabschiedet
sich von allen.

Als alle gegangen sind, ist Lila todmüde. Oma
kommt vorbei und bringt Nino wieder nach

Hause.

Also schnappen Mama und Papa ihre beiden Kinder und machen sie fertig fürs Bett.

Die Geschwister sagen sich noch gegenseitig gute Nacht und Mama liest Lila noch eine kurze Geschichte vor.

„So meine kleine, große Maus, jetzt schlaf schön", sagt Mama und gibt Lila einen Gute-Nacht-Kuss.

„Mama", sagt Lila und gähnt, „das war ein toller Geburtstag".

„Das freut mich Schatz", sagt Mama und streichelt Lila die Wange.

Papa kommt noch kurz ins Zimmer, um Lila einen Kuss zu geben, aber da ist die kleine Maus schon eingeschlafen.

Ein Tag auf dem Indoor-Spielplatz

Es ist einer von diesen ungemütlichen Regensonntagen, an denen man nicht raus kann und man schlechte Laune bekommt, wenn man aus dem Fenster schaut.

Sonntags wollen Mama und Papa auch nicht, dass Lila Freunde einlädt, denn sonntags ist immer Familientag.

Nino hat gerade seinen ersten Geburtstag gefeiert und macht seit ein paar Tagen seine ersten Schritte allein. Das ist ja an sich ganz schön, aber jetzt rennt er die ganze Zeit hinter Lila her und das nervt.

Nachdem Mama und Papa sich nun den ganzen Morgen das Gemecker von Lila angehört haben, fassen sie den Entschluss, auf einen Indoor-Spielplatz zu fahren, damit Lila und Nino sich austoben können. Lila ist begeistert von der Idee.

Mama packt noch ein paar Sachen zusammen und schon geht es los. Auf dem Indoor-Spielplatz angekommen, kann Lila gar nicht

schnell genug ihre Schuhe aus- und ihre
Rutschesocken anziehen.

Es ist ziemlich viel los, anscheinend hatten
noch mehr Familien die gleiche Idee.

Es hat aber auch sein Gutes, denn Lila trifft
Michelle, ein Mädchen aus ihrer Kindergar-
ten-Gruppe.

So hat sie gleich jemanden, mit dem sie
das große Trampolin unsicher machen kann.

Ärgerlich ist nur, dass noch mehr Kinder
aufs Trampolin wollen.

Die Trampoline sind zwar groß und es können
gut mehrere Kinder auf einem hüpfen, aber
Lila ist da etwas eigen, sie will lieber alleine
hüpfen.

Also muss sie mal eine Runde motzen, was
aber nichts hilft und sie letztendlich dazu
bewegt, mit Michelle zur großen Hüpfburg zu
gehen und die als erstes auszuprobieren! Da
ist zwar auch was los, aber nicht ganz so viel
wie auf dem Trampolin.

Papa schnappt sich Nino und klettert ebenfalls auf die Hüpfburg.

Der kleine Kerl hat sichtlich Spaß und quiekt
vor Freude.

Mama sieht zu und freut sich, dass ihre
Mäuse so viel Spaß haben!
Lila rutscht mehrmals die große Rutsche
herunter und lacht, weil das im Bauch so
kribbelt.
Nachdem sie ihre erste Energie nun aus-
getobt hat, bekommt sie Durst und geht
zu Mama, um sich zu stärken. Dabei fällt
ihr die Schaukel auf, die ein bisschen aussieht wie ein Vogelnest. Die will sie unbedingt

ausprobieren!

„Mama, ich will auf die runde Schaukel da",
quiekt sie aufgeregt. Mama steht auf und
geht mit Lila zur Schaukel, um sie darauf zu
heben und an zu schubsen.

Papa kommt mit Nino dazu, der seine kleinen
Ärmchen nach der Schaukel ausstreckt. Er
will auch mal schaukeln und weil Lila nicht
gleich anhalten will, fängt er an zu quengeln.
Nach einer Weile nervt sein Gemecker Lila
ziemlich und sie entscheidet, dass er mit
schaukeln darf.

Strahlend sitzt der kleine Kerl auf der
Schaukel, zwischen den Beinen seiner großen
Schwester und quiekt vor Freude.

Lila findet ihren kleinen Bruder in dem
Moment sehr niedlich und kann sich nicht
verkneifen ihn kurz zu knuddeln. Mama hält
das schnell mit ihrer Digitalkamera fest.

Nach einigen Stunden im Indoor- Spielplatz
ist es spät geworden und Lila und Nino sind
sehr müde.

Lila hat dann doch noch ein leeres Trampolin
ergattert und ist ganz lange darauf gehüpft.

Zur Feier des Tages gibt es dann noch ein Abendessen. Pommes mit Würstchen, was so ziemlich jedes Kind gerne isst. Nun sind schon fast alle Familien nach Hause gegangen und auch Mama und Papa packen zusammen.

Eigentlich möchte Lila noch nicht heim, aber sie ist dann doch zu müde, um zu protestieren und lässt sich von Papa ins Auto tragen. Zu Hause angekommen bringen Mama und Papa, Lila und Nino schnell ins Bett und die beiden schlafen sofort ein.

Lila ist krank

An einem Montagmorgen, als Mama in Lilas
Zimmer kommt, um sie zu wecken, geht es
Lila gar nicht gut.
Ihr tut alles weh und ihr Hals schmerzt beim
Schlucken sehr. Mama fühlt ihre Stirn und
sagt: „Du hast Fieber Lila, mach mal dei-
nen Mund auf und lass mich in deinen Hals
sehen."
Lila macht den Mund auf und sagt:
„Aaaaaa!" Mama schaut in den Mund und
macht ein besorgtes Gesicht.
„Das sieht gar nicht gut aus, meine Süße. Du
kannst heute nicht in den Kindergarten und
wir müssen zum Arzt fahren."
Lila fängt an zu weinen.

Sie fühlt sich so schlecht und sie möchte nicht zum Arzt fahren. Mama tröstet sie und hilft ihr beim Anziehen.
Dann trägt sie Lila ins Wohnzimmer auf die Couch und macht einige Telefonate.

Sie ruft im Kindergarten an, um zu sagen, dass Lila krank ist und dann ruft sie beim Kinderarzt an, um zu fragen, ob sie vorbei kommen können.
Danach ruft sie noch Oma an, damit sie vorbei kommt und auf Nino aufpasst.
Als wenig später Oma vor der Tür steht, zieht Mama Lila ihre Jacke an und trägt sie ans Auto.

Lila wimmert, sie möchte am liebsten auf der Couch liegen bleiben. Sie friert und ihr Hals tut so schrecklich weh.
Beim Arzt Dr. Hermann angekommen, trägt Mama Lila ins Wartezimmer und geht an den Tresen, um sie anzumelden. Während sie noch etwas warten müssen, sitzt Lila auf Mamas Schoß und Mama liest ihr etwas vor.
Gott sei Dank müssen sie nicht lange

warten, bis der Arzt sie in das Behandlungszimmer ruft.

Dr. Hermann misst erst einmal Fieber in Lilas
Ohr. Dann sagt er freundlich: „Lila, mach mal
deinen Mund ganz weit auf, streck deine Zun-
ge heraus und sag A."

Lila öffnet ihren Mund und macht brav, was
der Arzt gesagt hat.

Der Arzt nimmt ein Stäbchen, was aussieht
wie ein großes Wattestäbchen und kratzt
damit etwas an Lilas Mandeln, dass Lila
beinahe würgen muss. Sie hält Mamas Hand
fest und muss fast weinen.

Dann schaut Dr. Herrmann Lilas Mama an
und sagt: „Das sieht mir nach Scharlach
aus. Wir müssen kurz das Ergebnis des
Abstrichs abwarten, dann kann ich Lila ein
Medikament verschreiben."

Er verlässt das Behandlungszimmer und
Mama und Lila bleiben einen Moment alleine.

Lila hat keine Lust mehr, sie jammert und
kuschelt sich in Mamas Arm. Kurze Zeit später kommt Dr. Hermann zurück.

„Mein Verdacht hat sich bestätigt, Lila hat

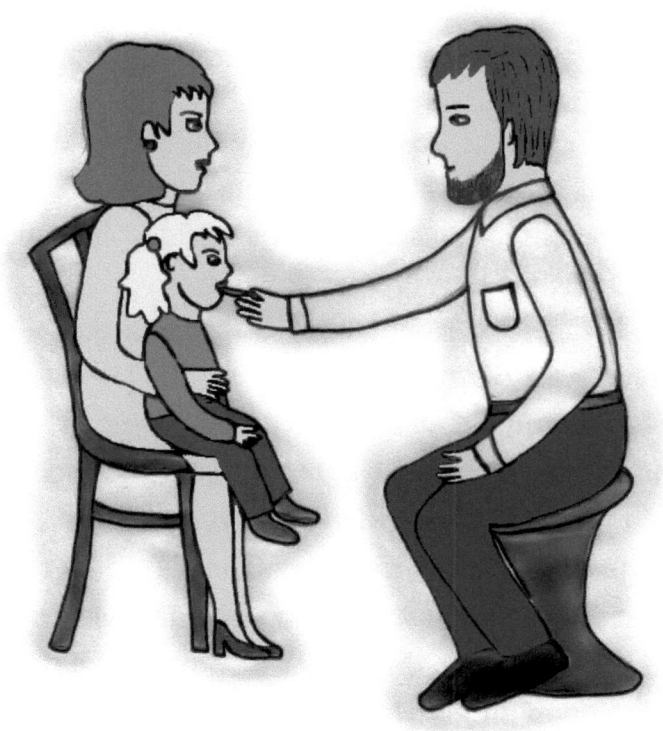

Scharlach", sagt er freundlich und streichelt
Lila über die Wange. „Ich habe ein Rezept aus-
gestellt für ein Medikament und etwas gegen
das Fieber. Damit sollte es ihr bald besser
gehen."
Mama und Lila bedanken sich bei Dr. Hermann, ziehen sich ihre Jacken an und verlas-
sen die Praxis.

Lila ist müde und wird deshalb von Mama getragen.

Kaum im Auto angekommen schläft sie in ihrem Autositz ein. Mama fährt noch an einer Apotheke vorbei und holt Lilas Medizin, dann bringt sie Lila nach Hause.

Zu Hause angekommen trägt sie Lila schlafend in ihr Bett.

Als Lila aufwacht geht es ihr immer noch nicht besser und sie muss ganz arg weinen. Mama gibt ihr ihre Medizin und den Saft gegen das Fieber. Gott sei Dank ist Oma noch da und spielt mit Nino, sodass Mama Zeit für Lila hat. Sie setzt sich mit ihr auf die Couch und liest ihr eine Geschichte vor. Nach einer halben Stunde fängt Lilas Medizin an zu wirken und es geht ihr besser, sodass sie in ihr Zimmer geht und alleine ein bisschen spielt.

Als Papa am Abend nach Hause kommt, geht es ihr langsam wieder schlechter. Mama kocht einen Grießbrei für Lila, der tut beim Schlucken nicht so weh. Lila isst ein wenig davon und bekommt danach noch einmal ihre Medizin. Dann darf sie sich auf Papas Schoß noch das Sandmännchen im Fernsehen ansehen.

Als das Sandmännchen fertig ist, bringt Papa sie ins Bett. Lila ist sehr müde, deshalb schläft sie schnell ein.

Am nächsten Morgen, als Lila aufwacht, fühlt sie sich schon viel besser.

Mama fühlt Lilas Stirn und stellt fest, dass sie kein Fieber mehr hat.

Aber plötzlich hat Lila einen Ausschlag überall. Mama sagt, dass das zu Scharlach gehört und nicht weiter schlimm ist.

Trotzdem ärgert Lila sich darüber.

Sie muss auch trotzdem weiter ihre Medizin
nehmen, die ihr gar nicht schmeckt.
In den Kindergarten darf sie heute auch noch
nicht. Lila ist deswegen etwas mürrisch. Da
es ihr schon besser geht, ist es ihr langweilig.
Oma kann heute nicht kommen, also kann
Mama auch nicht mit Lila spielen, weil sie
sich auch um Nino kümmern muss.
Nino ist heute auch nicht gut drauf und
Mama fürchtet, dass er sich bei Lila ange-
steckt haben könnte. Lila mault etwas, aber
letztendlich bleibt ihr nichts anderes übrig,
als sich alleine zu beschäftigen.
So verbringt sie den Tag mit malen und basteln und darf am Nachmittag auch noch ein
bisschen fernsehen.
Als Papa etwas früher von der Arbeit kommt,
fährt Mama dann mit Nino zum Arzt.
Als sie wiederkommt hat sich ihr Verdacht
bestätigt und Nino hat ebenfalls Scharlach.
Er muss jetzt dieselbe eklige Medizin nehmen
wie Lila.
Lila findet krank sein richtig doof. Sie ist

heilfroh, als Mama sie ins Bett bringt, ihr eine Geschichte vorliest und ihr dann sagt: „Morgen kannst du wieder in den Kindergarten gehen."

Zufrieden schläft Lila ein und freut sich, dass sie am nächsten Tag ihre Freunde wiedersehen wird.

Faschingszeit

Im Februar kommt eine verrückte Zeit auf Lila zu, die Faschingszeit.

Lila liebt es, sich zu verkleiden. Deshalb entscheidet sie sich dafür, an Fasching als Elfe zu gehen und Mama verspricht, ihr ein Kleid zu nähen.

An einem Nachmittag fährt sie mit Mama in ein Stoffgeschäft und kauft Stoff für ihr Elfenkleid und Tüll für die Flügelchen.

Außerdem kaufen sie noch Tigerstoff für Ninos Kostüm.

Mama hat in einem Magazin ein Schnittmuster für das Elfenkostüm gefunden und Lila ist schon ganz aufgeregt, wie es wohl aussehen wird, wenn es fertig ist.

Ein paar Tage später, ist es dann soweit. Lila probiert ihr Elfenkleid das erste Mal an und ist begeistert! Es ist lila, hellgrün und rosa, mit Glitzerfäden durchzogen. Sie kann kaum abwarten, bis sie es ihren Freundinnen bei der Faschingsparty im Kindergarten zeigen kann. Aber erst einmal geht es damit auf den Kinderumzug und anschließend auf eine

Kinderfaschingsparty vom Turnverein.
Ärgerlich ist nur, dass Lila auf dem Umzug
eine dicke Jacke über ihr tolles Kostüm ziehen muss. Darüber muss sie dann schon

erstmal ein wenig meckern.

Vor allem, weil Nino sein Tigerkostüm über seinen Schneeanzug ziehen kann.

Aber die vielen bunten Wagen, die Musik und die verkleideten Menschen, lenken Lila dann doch schnell von ihrem Ärger ab. Am besten findet sie natürlich die vielen Bonbons und anderen Süßigkeiten, die von den Wagen geworfen werden.

Eifrig ist sie damit beschäftigt, sie zu fangen und einzusammeln.

Als der Umzug vorüber ist, hat Lila eine Tüte voll mit Süßigkeiten und ist wieder bester Laune. Sie läuft mit Mama und Nino im Kinderwagen zurück zum Auto und sie machen sich auf den Weg zur Faschingsparty.

Dort angekommen, hört Lila schon laute Musik. In der Halle ist es voll und sie sieht einige Kinder die sie aus dem Kindergarten kennt.

Endlich kann sie ihre dicke Winterjacke ausziehen und ihr tolles Kostüm präsentieren.

Als sie ihre Freundin Emma erblickt, die als Biene verkleidet ist, flitzt sie gleich zu ihr.

Emma freut sich, Lila zu sehen und zieht sie auf die Tanzfläche, wo sie zusammen gut gelaunt im Rhythmus der Musik durch die Gegend hüpfen.

Mama und Nino stehen am Rand und sehen zu.

Nino ist müde und ihm ist die Musik zu laut, deshalb quengelt er. Aber Mama kann ihn dann doch ablenken. Papa konnte heute leider nicht mit kommen, da er beruflich unterwegs ist.

Als Lila eine ganze Weile getanzt hat, wir die auch langsam müde und bekommt Durst. Sie geht zu Mama, um etwas zu trinken.

Mama holt für Lila und Nino noch eine leckere Laugenbrezel und schlägt Lila vor, nach Hause zu fahren. Immerhin ist ja morgen auch noch die Faschingsparty im Kindergarten.

Lila ist einverstanden, sie ist jetzt wirklich sehr müde. Sie verabschiedet sich von Emma und fährt mit Mama und Nino nach Hause.

Am nächsten Morgen ist Lila aufgeregt, weil heute Fasching im Kindergarten gefeiert werden soll. Sie freut sich auf die Pinata

und auf die tollen Spiele, die sie schon in den
Tagen davor für die Party vorbereitet hatten.
Außerdem ist sie neugierig, als was sich ihre
Freundinnen verkleiden.

Gut gelaunt macht sie sich mit Mama auf
den Weg.

Der Vormittag im Kindergarten wird ein rie-
sen Spaß für Lila und ihre Freundinnen. Als
Mama Lila abholt, ist der ganze Boden des
Kindergartens mit Konfetti übersät. Außer

74

Lila gab es kein anderes Mädchen, das als Elfe verkleidet war und darauf ist Lila sehr stolz. Ihre Freundinnen waren als Prinzessin, Biene oder Schmetterling verkleidet.

Lila geht mit Mama nach Hause.

Fasching ist jetzt vorbei, aber Lila lässt das Kleid noch den ganzen Tag an. Erst als sie am Abend ins Bett geht, kann Mama sie überreden, das Kostüm auszuziehen.

Lila nimmt sich fest vor, das Kleid im nächsten Jahr wieder anzuziehen.

Mama und Papa sagen ihr noch lieb gute Nacht und dann schläft Lila ganz schnell ein.

Lila und Emma streiten

Lila hat sich mit ihrer Freundin Emma zum Spielen verabredet.

Am Nachmittag bringt Emmas Mama sie zu Lila nach Hause.

Emma hat ihre neue Barbie mitgebracht und sie gehen gemeinsam in Lilas Zimmer, um Barbie zu spielen.

Eine Weile spielen sie ganz friedlich miteinander, doch dann möchte Lila auch einmal mit Emmas Barbie spielen.

Lila fragt Emma: „Darf ich auch mal mit deiner Barbie spielen?"

„Nein", sagt Emma, „das ist meine Barbie. Die habe ich neu bekommen und mit der darf niemand spielen, außer mir."

Lila ist beleidigt, denn sie will auch mal mit der Barbie spielen und findet es gemein, dass Emma sie nicht lässt.

„Gut, dann spiele ich eben nicht mehr mit dir", sagt sie trotzig und dreht Emma den Rücken zu.

„Dann bin ich nicht mehr deine Freundin",

sagt Emma, ebenfalls beleidigt und geht aus dem Zimmer.

Lila ist sauer und brüllt: „Und ich lade dich nicht zu meinem Geburtstag ein!"

So sitzen beide Mädchen schmollend da, Lila in ihrem Zimmer und Emma vor der Tür.

Lila kann Emma leise schluchzen hören und das tut ihr fast schon ein bisschen leid. Aber sie bleibt trotzdem stur.

Mama wundert sich, als sie Emmas leises Schluchzen hört und geht nachsehen.

„Emma, was ist denn los, warum weinst du denn?", fragt sie erstaunt.

„Lila hat gesagt, sie spielt nicht mehr mit mir und sie lädt mich nicht zu ihrem Geburtstag ein", sagt Emma schluchzend.

Mama streichelt Emma über den Kopf und sagt: „Na komm, wir gehen mal zu ihr und klären das." Sie nimmt Emma an die Hand und öffnet die Tür zu Lilas Zimmer.

Lila sitzt mit grimmigem Gesicht und verschränkten Armen auf dem Fußboden.

„Lila, was ist denn los?", fragt Mama. „Warum willst du nicht mehr mit Emma spielen? Ihr habt doch so schön mit den Barbies gespielt."

„Ja, Mama, aber Emma will mich nicht mit ihrer neuen Barbie spielen lassen", motzt Lila.

„Ah, daher weht der Wind", sagt Mama.

„Schau mal Lila, wenn du etwas Neues bekommst, dann möchtest du auch erst mal nicht, dass jemand anderes damit spielt, oder?"

Lila überlegt einen Moment, dann nickt sie widerwillig.

So ganz will sie sich allerdings noch nicht

geschlagen geben und sagt: „Aber Emma hat gesagt, sie ist nicht mehr meine Freundin."

Mama seufzt: „Wisst ihr, dass man sich als Freundinnen mal streitet, das ist ganz normal. Das heißt aber nicht, dass man dem Anderen immer gleich die Freundschaft kündigen muss. Es gibt immer einen Weg sich wieder zu vertragen", erklärt sie ruhig. „Ich bin sicher, irgendwann wird Emma dich mit ihrer neuen Barbie spielen lassen, lass ihr einfach noch ein bisschen Zeit", sagt Mama und sieht Emma an. Emma nickt verlegen. Dann sagt sie plötzlich: „Lila, du darfst meine Barbie jetzt haben."

Lila strahlt und sagt: „Wollen wir uns wieder vertragen?"

Emma nickt erleichtert und gibt Lila ihre Barbie.

„Weißt du was, ich leihe dir heute mein Lieblingskuscheltier aus", sagt Lila entschlossen.

Mama lächelt und sagt: „Seht ihr, so kann man das Ganze dann doch noch friedlich lösen und muss sich nicht streiten. Man muss auch mal akzeptieren können, wenn der andere etwas nicht möchte. Das gehört zu

einer guten Freundschaft dazu."

Lila und Emma sehen sich an und umarmen sich. Beide sind erleichtert, dass sie keinen Streit mehr haben und fangen wieder an zu spielen.

Mama verlässt zufrieden das Zimmer. Sie geht in die Küche und holt Kekse und etwas zu trinken für die Mädchen. Als sie alles auf einem Tablett nach oben bringt freuen die beiden sich und lachen.

Sie spielen noch eine ganze Weile sehr friedlich, bis Emma schließlich von ihrer Mama abgeholt wird. Beim Gehen verabreden sie sich gleich für den nächsten Tag. Diesmal soll Lila zu Emma nach Hause kommen.

Emma hat tatsächlich Lilas Lieblings-Kuschelhase unter dem Arm, als sie geht. Den darf sie sich nämlich bis zum nächsten Tag ausleihen.

Beim ins Bett gehen sagt Lila zu Mama „Mama, Emma ist wirklich meine beste Freundin."

„Das weiß ich mein Schatz und Freundschaften muss man pflegen. Schlaf jetzt, du musst ja schließlich morgen ausgeschlafen sein, wenn du wieder mit Emma spielen willst."

Sie gibt Lila einen Gute-Nacht-Kuss.

Lila kuschelt sich in ihr Kissen und schließt die Augen.

Es dauert nicht lange und dann ist sie friedlich eingeschlafen.

ZUSATZGESCHICHTE

Lilas erster Schultag

Zwei Jahre sind vergangen und aus Lila ist ein Schulkind geworden. Die Einschulung steht bevor und klein Nino hat auch schon seinen ersten Tag im Kindergarten hinter sich gebracht. Ein paar Monate gehen die Beiden noch gemeinsam in den Kindergarten. Lila besucht einmal in der Woche die Schulkinder-Gruppe, die sich „Bienenschwarm" nennt. Gemeinsam haben sie alle zusammen schon die Grundschule besucht und sich gut auf das große Abenteuer Einschulung vorbereitet.

Zu ihrem sechsten Geburtstag hat Lila einen Schulranzen bekommen. Einen lilanen, mit Einhörnern darauf.

Und im Kindergarten hat sie mit Mama dazu eine passende Schultüte gebastelt.

Aufgeregt wartet Sie nun auf den großen Tag!

Als es endlich soweit ist,

ist Lila schon sehr früh am Morgen wach und zieht sich ihr neues, extra für die Einschulung gekauftes, Kleidchen an. Für die Schulanfänger findet extra ein Gottesdienst statt, zu dem Lila mit Mama, Papa, Oma, Opa und natürlich Nino als erstes geht. Lilas Erzieherin aus dem Kindergarten ist auch da und verabschiedet sich noch einmal. Tränen in den Augen, von Lila. Dann geht es weiter zur Schule.

Viele aufgeregte Kinder mit bunten Schultüten stehen auf dem Schulhof herum und warten darauf, dass Sie in die Turnhalle gelassen werden. Dort findet nämlich die Einschulungsfeier statt. Der Schulchor singt den Schulsong, die Direktorin begrüßt die Kinder und die vierten Klassen führen kleine Sketche vor. Anschließend werden die Kinder auf die Klassen aufgeteilt und lernen endlich ihre neuen Lehrer kennen.

Lilas Lehrerin heißt Frau Büttner und Lilas Klasse ist die 1a. Emma ist glücklicher Weise auch in Lilas Klasse und als Frau Büttner ihre neuen Kinder mit in den Klassenraum nimmt, folgen Lila und Emma ihr Hand in Hand. Mama und der Rest der Familie dürfen nicht mit, sie bekommen in der Zwischenzeit

Kaffee und Kuchen und können sich mit den anderen Eltern unterhalten.

Im Klassenraum suchen sich Emma und Lila einen Platz neben einander. Frau Büttner stellt sich allen Kindern noch einmal vor und erzählt was in den nächsten Wochen alles passieren wird. Zum Abschluss gibt sie den Kindern ihre ersten Hausaufgaben auf. Sie sollen aufmalen, was alles in ihrer Schultüte gewesen ist.

Danach dürfen die Kinder wieder zu ihren Eltern.

Lila rennt in Papas Arme. Sie ist ganz begeistert von ihrer neuen Lehrerin und freut sich auf die kommende Zeit.

Zu Hause darf Lila dann ihre Schultüte öffnen. Darin befinden sich viele Süßigkeiten, ein Buch für Erstleser und ein Glücksbringer den Sie an ihren Schulranzen hängen kann. Lila ist happy und setzt sich gleich an ihre ersten Hausaufgaben. Sie kann es kaum erwarten, am nächsten Morgen wieder in die Schule zu gehen!

Weitere Informationen zur Autorin Sofie Capasso und ihren Büchern gibt es unter:

www.sofiecapasso.de

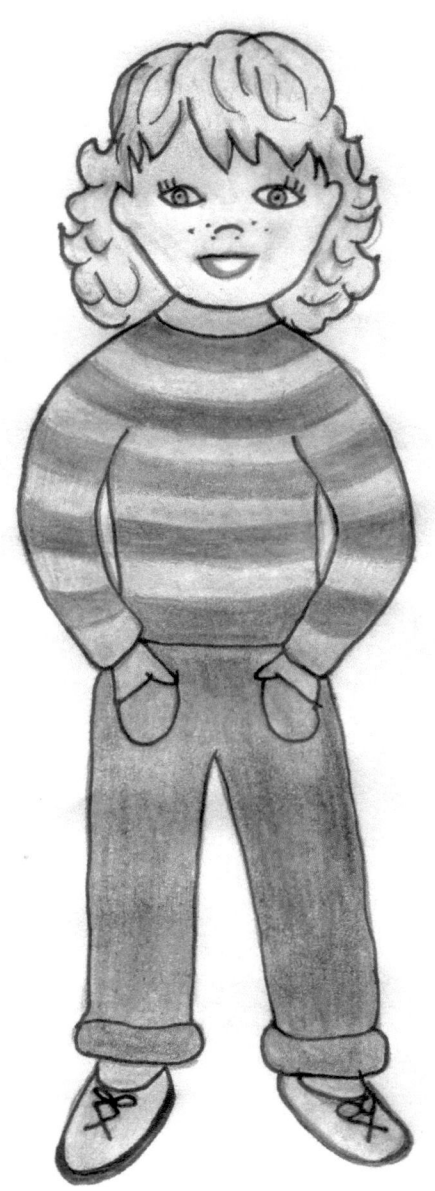